BEI GRIN MACHT SICH IHR WISSEN BEZAHLT

AF125601

- Wir veröffentlichen Ihre Hausarbeit,
  Bachelor- und Masterarbeit

- Ihr eigenes eBook und Buch -
  weltweit in allen wichtigen Shops

- Verdienen Sie an jedem Verkauf

Jetzt bei www.GRIN.com hochladen und kostenlos publizieren

Trainingsplanung für ein Ausdauertraining. Ziel der Gewichtabnahme und des Ausgleichs zum Berufsalltag

Joline Tismar

Bibliografische Information der Deutschen Nationalbibliothek:

Die Deutsche Nationalbibliothek verzeichnet diese Publikation in der Deutschen Nationalbibliografie; detaillierte bibliografische Daten sind im Internet über http://dnb.d-nb.de abrufbar.

ISBN: 9783346366092
Dieses Buch ist auch als E-Book erhältlich.

© GRIN Publishing GmbH
Nymphenburger Straße 86
80636 München

Druck und Bindung: Books on Demand GmbH, Norderstedt Germany
Gedruckt auf säurefreiem Papier aus verantwortungsvollen Quellen

Das vorliegende Werk wurde sorgfältig erarbeitet. Dennoch übernehmen Autoren und Verlag für die Richtigkeit von Angaben, Hinweisen, Links und Ratschlägen sowie eventuelle Druckfehler keine Haftung.

Das Buch bei GRIN: https://www.grin.com/document/994695

Deutsche Hochschule für

Prävention und Gesundheitsmanagement

Hermann Neuberger Sportschule 3

66123 Saarbrücken

Einsendeaufgabe

Fachmodul: Trainingslehre 2

Studiengang: Fitnessökonomie

Datum
Präsenzphase: 07.01.2019 - 09.01.2019

Name, Vorname: Tismar, Joline

Studienort: **Köln**

Semester: **WS 2017**

Inhaltsverzeichnis

1 Diagnose

1.1 Allgemeine und biometrische Daten

Tabelle 1: Allgemeine und biometrische Daten der Testperson (eigene Darstellung)

Alter	28 Jahre
Geschlecht	männlich
Körpergröße in cm	187cm
Körpergewicht in kg	90kg
Körperfettanteil (KFA) in %	24%
Trainingsmotive	Verbesserung der allgemeinen Fitness & Gesundheitszustand, Ausgleich zum Berufsalltag, Abnehmen
Berufliche Tätigkeit	Industriekaufmann, hauptsächlich sitzend
Aktuelle sportliche Aktivität	Seit 4 Jahren unregelmäßiges Krafttraining, 1-2 mal in der Woche für 45- 60 Minuten, ohne Plan
Frühere sportliche Aktivität	Vor 13 Jahren Fußball im Sportverein über einen Zeitraum von 8 Jahren, 3-4 Trainingseinheiten in der Woche je 90 Minuten, Amateurbereich
Zeitlicher Verfügungsrahmen	2-3 Trainingseinheiten in der Woche über 60-90 Minuten sind realisierbar
Blutdruck	136/87 mmHg
Ruhepuls	78 S/min
Allgemeiner Gesundheitszustand	Keine orthopädischen oder internistischen Probleme, ist nicht in ärztlicher Behandlung, nimmt keine Medikamente ein
Sonstige gesundheitliche Einschränkungen	Keine

1.1.1 Bewertung der biometrischen Parameter KFA, Blutdruck& Ruhepuls

Zur Bewertung der biometrischen Parameter Körperfettanteil, Blutdruck und Ruhepuls der oben dargestellten Testperson werden folgend dargestellte Normwerte genutzt.

Tabelle 2: Klassifikation des Körperfettanteils (KFA) für erwachsene Frauen und Männer bis 79 Jahre (Gallagher et al., 2000)

Alter in Jahren	KFA Frauen				KFA Männer			
	Niedrig	Normal	Hoch	Sehr hoch	Niedrig	Normal	Hoch	Sehr hoch
20-39	<21%	21-33%	33-39%	≥39%	<8%	8-20%	20-25%	≥25%
40-59	<23%	23-34%	34-40%	≥40%	<11%	11-22%	22-28%	≥28%
60-79	<24%	24-36%	36-42%	≥42%	<13%	13-25%	25-30%	≥30%

Tabelle 3: Blutdruckklassifikation der American Heart Association (modifiziert nach Mancia et al., 2013, S.1286)

Bewertungsstufen	Systolischer Blutdruck	Diastolischer Blutdruck
Normalblutdruck (Normotonie)		
optimal	<120 mmHg	<80 mmHg
normal	<130 mmHg	<85 mmHg
hochnormal	130-139 mmHg	85-89 mmHg
Bluthochdruck (arterielle Hypertonie)		
Stufe 1	140-159 mmHg	90-99 mmHg
Stufe 2	160-179 mmHg	100-109 mmHg
Stufe 3	>180 mmHg	>110 mmHg

Tabelle 4: Klassifikation Ruhepuls nach Weineck, J., 2003, S.50 (eigene Darstellung)

Ruhepuls	Einordnung
60-80 S/min	Durchschnittsbürger
50-60 S/min	Gut trainierter Sportler
<50 S/min	Leistungssportler

Der Körperfettanteil des Probanden (in Tabelle 1 dargestellt) lässt sich bei seinem Alter von 28 Jahren mit 24% nach Normwerten (siehe Tabelle 2) als „hoch" einstufen. Nach Normwerten des Blutdrucks (siehe Tabelle 3) kann die Testperson mit einem Blutdruck von 136/87 mmHg (Tabelle 1) als „hochnormal" eingestuft werden. Dieser Wert sollte bei der Trainingszielsetzung und Trainingsgestaltung berücksichtigt werden, stellt darüber hinaus jedoch keine Einschränkung dar. Desweiteren lässt sich der Proband mit einem Ruhepuls von 78 S/min unter Berücksichtigung der Normwerte (Tabelle 4) als Durchschnittsbürger einordnen.

1.2 Leistungsdiagnostik/ Ausdauertestung

Zur Ausdauertestung des Probanden wird ein Fahrradergometertest nach Hollmann & Venrath (HV-Test) gewählt. Dieses Testverfahren wird ausgewählt, da die Testperson in der Vergangenheit bereits über einen Zeitraum von 8 Jahren Erfahrung mit regelmäßigem Training auch im Bereich der Ausdauer sammeln konnte und zudem seit 4 Jahren, wenn auch nur unregelmäßig sportlich aktiv ist (siehe Tabelle1). Außerdem ist der HV-Test grundsätzlich für normal leistungsfähige Männer, denen eine Belastbarkeit von 150 Watt zuzutrauen ist, geeignet (Trunz, 2001, IPN, 2004, S.4). Somit lässt sich der WHO-Test, der insbesondere für untrainierte Frauen, ältere Personen oder stark Übergewichtige geeignet ist als Testverfahren ausschließen (Institut für Prävention und Nachsorge, 2004).

1.2.1 Durchführung des Fahrradergometertests nach Hollman und Venrath

Zur korrekten Durchführung des HV-Tests wird die Testperson zunächst durch die Ruheherzfrequenz (siehe Tabelle 1 „Ruhepuls") und das Lebensalter nach IPN voreingestuft.

Tabelle 5: Voreinstufung nach Ruheherzfrequenz und Lebensalter (modifiziert nach Trunz, 2001; IPN, 2004, S.4)

Alter / Hf$_{Ruhe}$	<20	20-29	30-39	40-49	50-59	60-69	>70
<50 S/min	140 S/min	135 S/min	130 S/min	125 S/min	115 S/min	110 S/min	105 S/min
50-59 S/min	145 S/min	140 S/min	135 S/min	125 S/min	120 S/min	115 S/min	110 S/min
60-69 S/min	145 S/min	145 S/min	135 S/min	130 S/min	125 S/min	120 S/min	115 S/min
70-79 S/min	150 S/min	145 S/min	140 S/min	135 S/min	130 S/min	125 S/min	120 S/min
80-89 S/min	155 S/min	150 S/min	145 S/min	140 S/min	135 S/min	125 S/min	125 S/min
>90 S/min	160 S/min	155 S/min	150 S/min	145 S/min	135 S/min	130 S/min	125 S/min

Durch die Einstufung nach IPN liegt die Pulsobergrenze für die Ausdauertestung bei 145 S/min.

Tabelle 6: Durchführung des Fahrraderergometertests (eigene Darstellung)

Testform:	Stufendauer:	Pulsobergrenz:	Gewicht:	
Hollmann & Venrath (HV-Test)	3 Minuten	145 S/min	90 kg	
	Belastungssteige-rung: 40 Watt	Abbruchgrenze: 145 S/min	Ruheherzfrequenz: 78 S/min	
Eingangsbelas-tung: 30 Watt	Trittfrequenz: 60-80 U/min	Anmerkungen: Keine	Blutdruck: 136/87 mmHg	
Zeit	Watt	Herzfrequenz 1	Herzfrequenz 2	Herzfrequenz 3
1-3 Minuten	30	102 S/min	100 S/min	102 S/min
4-6 Minuten	70	106 S/min	106 S/min	108 S/min
7-9 Minuten	110	112 S/min	122 S/min	122 S/min
10-12 Minuten	150	134 S/min	135 S/min	139 S/min
13-15 Minuten	190	143 S/min	145 S/min	
Watt gesamt	176			
Watt/kg	176 Watt : 90 kg = 1,96			

Die Testperson fuhr insgesamt 14 Minuten und 13 Sekunden auf dem Fahrradergometer und hielt die Stufe bei 190 Watt nicht vollständig durch, deshalb wird die letzte Stufe nur zu 2/3 zur Bewertung eingerechnet, sodass man auf eine Gesamtleistung von 176 Watt kommt.

1.2.2 Bewertung der erzielten Testergebnisse

Zur Bewertung des HV-Tests wird die erreichte Wattzahl pro kg Körpergewicht (siehe Tabelle 6) betrachtet und mit der Normwerttabelle (Tabelle 7) verglichen.

Tabelle 7: Normtabelle für submaximale Radergometertests- Relative Watt-Soll-Leistung (Watt pro kg) bei Männern (modifiziert nach IPN, 2004, S.8)

Alter / Intensität	<30	30-34	35-39	40-44	45-49	50-54	55-59	>60	Bewertung
0,50	1,45	1,38	1,31	1,23	1,16	1,09	1,02	0,94	☹☹
0,51	1,50	1,43	1,35	1,28	1,20	1,13	1,05	0,98	☹☹
0,52	1,55	1,47	1,40	1,32	1,24	1,16	1,09	1,01	☹☹
0,53	1,60	1,52	1,44	1,36	1,28	1,20	1,12	1,04	☹☹
0,54	1,65	1,57	1,49	1,40	1,32	1,24	1,16	1,07	☹☹
0,55	1,70	1,62	1,53	1,45	1,36	1,28	1,19	1,11	☹

Alter / Intensität	<30	30-34	35-39	40-44	45-49	50-54	55-59	>60	Bewertung
0,56	1,75	1,66	1,58	1,49	1,40	1,31	1,23	1,14	☹
0,57	1,80	1,71	1,62	1,53	1,44	1,35	1,26	1,17	☹
0,58	1,85	1,76	1,67	1,57	1,48	1,39	1,30	1,20	☹
0,59	1,90	1,81	1,71	1,62	1,52	1,43	1,33	1,24	☹
0,6	2,00	1,90	1,80	1,70	1,60	1,50	1,40	1,30	Ø
0,61	2,20	2,09	1,98	1,87	1,76	1,65	1,54	1,43	Ø
0,62	2,40	2,28	2,16	2,04	1,92	1,80	1,68	1,56	Ø
0,63	2,60	2,47	2,34	2,21	2,08	1,95	1,82	1,69	☺
0,64	2,80	2,66	2,52	2,38	2,24	2,10	1,96	1,82	☺
0,65	3,00	2,85	2,70	2,55	2,40	2,25	2,10	1,95	☺
0,66	3,20	3,04	2,88	2,72	2,56	2,40	2,24	2,08	☺☺
0,67	3,40	3,23	3,06	2,89	2,72	2,55	2,38	2,21	☺☺
0,68	3,60	3,42	3,24	3,06	2,88	2,70	2,52	2,34	☺☺
0,69	3,80	3,61	3,42	3,23	3,04	2,85	2,66	2,47	☺☺
0,70	4,00	3,80	3,60	3,40	3,20	3,00	2,80	2,60	☺☺

Die Testperson lässt sich durch die erzielten Testergebnisse und der Normwerte nach IPN (Tabelle 7) knapp unter dem Durchschnitt seiner Altersklasse einstufen.

1.3 Gesundheits- und Leistungsstatus der Person

Nach Durchführung des Ausdauertests (siehe Tabelle 6) und Erhebung der allgemeinen und biometrischen Daten (siehe Tabelle 1) lässt sich zum Gesundheits- und Leistungs-status der Testperson Folgendes sagen: Der Proband lässt sich durch seine Ruheherzfre-quenz als Durchschnittsbürger einstufen. Dieser weißt einen „hohen" Körperfettanteil (Tabelle 2) und einen „hochnormalen" Blutdruck (Tabelle 3) auf. Die zuvor genannten Parameter sollten in der Trainingsplanung in jedem Fall beachtet und beobachtet wer-den, stellen aber keine Einschränkung dar. Die im Ausdauertest erbrachten Leistungen liegen zwar unter dem Durchschnitt, allerdings nah an der Schwelle zum Durchschnitt, sodass auch hier nichts berücksichtigt muss. Insgesamt ist die Testperson für das zu-künftige Ausdauertraining geeignet.

2 Zielsetzung/Prognose

Tabelle 8: Trainingsziele (Inhalt, Ausmaß, Zeit) (eigene Darstellung)

Definition / Ziel	Inhalt	Ausmaß	Zeit
Abnehmen	Körperfettanteil senken	4% des aktuellen Körperfetts verlieren	16 Wochen
Verbesserung des allgemeinen Gesundheitszustandes	Senkung des Blutdrucks in den „normalen" Bereich	-7 mmHg syst. Blutdruck, -8 mmHg diast. Blutdruck	14 Wochen
Verbesserung der allgemeinen Fitness	Verbesserung der Ausdauerleistung	Steigerung der Wattleistung pro kg Körpergewicht im submaximalen Fahrradergometertest von 1,96 auf mindestens 2,00	12 Wochen

Das erste Ziel („abnehmen") nannte der Proband selbst als Trainingsmotiv (siehe Tabelle 1), weshalb es sich anbietet dieses in jedem Fall zu übernehmen um die Trainingsmotivation möglichst hoch zu halten. Außerdem zeigen Tabelle 1 und Tabelle 2, dass der Körperfettanteil der Person im „hohen" Bereich liegt, weshalb es nötigt ist diesen zu senken. Da die Testperson, wie aus Tabelle 1 und Tabelle 3 zu schließen ist, einen „hochnormalen" Blutdruck hat, ist es aus gesundheitlicher Sicht sinnvoll und wünschenswert diesen zunächst in den Normalbereich zu senken. Dieses formulierte Ziel lässt sich ebenfalls mit den Trainingsmotiven (siehe Tabelle 1 „Verbesserung der allgemeinen Fitness & Gesundheitszustandes") abgleichen. Laut Ketelhut (2004) ist es möglich den systolischen Blutdruck um 5-10 mmHg und den diastolischen Blutdruck um 5-8 mmHg zu senken. Dies ist in 10-12 Wochen erreichbar, da das Ausmaß allerdings in Abhängigkeit der Ausgangswerte und des Trainingszustandes unterschiedlich sein kann wurde in Tabelle 8 ein 14 wöchiger Zeitrahmen gewählt. Im Bezug auf den Wunsch des Trainierenden die allgemeine Fitness zu steigern wurde als drittes Ziel die Verbesserung der Ausdauerleistung, in Form der Steigerung der Wattleistung pro kg Körpergewicht von 1,96 auf mindestens 2,00, formuliert. Nach Erfahrungswerten lässt sich eine Verbesserung der Wattleistung beim submaximalen Test von 10%-25% innerhalb von 8-12 Wochen erreichen.

3 Trainingsplanung Mesozyklus

3.1 Grobplanung Mesozyklus

Tabelle 9: Grobplanung eines Mesozyklus (eigene Darstellung)

Mesozyklus	
Dauer	6 Wochen
Trainingsziel	Aufbau und Stabilisierung der Grundlagenausdauer (GA1)
Wöchentlicher Gesamttrainingsumfang	90-180 Minuten
Trainingsmethoden	Extensive Dauermethode Variable Dauermethode
Trainingsintensität	60-75% Hf_{max} (extensive DM) 65-85% Hf_{max} (variable DM)
Trainingshäufigkeit/Woche	2-3 Trainingseinheiten pro Woche
Dauer pro Trainingseinheit	30-90 Minuten (extensiv) 30-50 Minuten (variabel)
Trainingsgeräte	Crosstrainer, Laufband(Jogging), Ruderergometer

3.2 Detailplanung Mesozyklus

Tabelle 10: Detailplanung des Mesozyklus (eigene Darstellung)

Woche 1				Woche 4			
Trainingstag	Montag	Mittwoch	Freitag	Trainingstag	Montag	Mittwoch	Freitag
Trainingsziel	GA1		GA1	Trainingsziel	GA1	GA1	GA1
Trainingsmethode	Exten. DM		Exten. DM	Trainingsmethode	Exten. DM	Variable DM	Exten. DM
Trainingsintensität	65-70% Hf_{max}		65-70% Hf_{max}	Trainingsintensität	70-75% Hf_{max}	65-70% Hf_{max} (exten.) 80-85% Hf_{max} (inten.)	70-75% Hf_{max}
Trainingsherzfrequenz	125-135 S/min		125-135 S/min	Trainingsherzfrequenz	135-144 S/min	125-135 S/min (exten.) 154-163 S/min (inten.)	135-144 S/min
Trainingsdauer	45 Minuten		45 Minuten	Trainingsdauer	60 Minuten	40 Minuten(5:5)	50 Minuten

Woche 1				Woche 3			
Trainingsgerät	Cross-trainer		Lauf-band (Jogging)	Trainingsgerät	Crosstrainer	Laufband (Jogging)	Crosstrainer
Woche 2				**Woche 5**			
Trainingstag	Montag	Mittwoch	Freitag	Trainingstag	Montag	Mittwoch	Freitag
Trainingsziel	GA1	GA1	GA1	Trainingsziel	GA1	GA1	GA1
Trainingsmethode	Exten. DM	Exten. DM	Exten. DM	Trainingsmethode	Exten. DM	Exten. DM	Exten. DM
Trainingsintensität	65-70% Hf_{max}	65-70% Hf_{max}	65-70% Hf_{max}	Trainingsintensität	65-70% Hf_{max}	65-70% Hf_{max}	70-75% Hf_{max}
Trainingsherzfrequenz	125-135 S/min	125-135 S/min	125-135 S/min	Trainingsherzfrequenz	125-135 S/min	125-135 S/min	120-129 S/min
Trainingsdauer	45 Minuten	45 Minuten	45 Minuten	Trainingsdauer	90 Minuten	60 Minuten	30 Minuten
Trainingsgerät	Laufband (Jogging)	Crosstrainer	Laufband (Jogging	Trainingsgerät	Laufband (Jogging)	Crosstrainer	Ruderergometer
Woche 3				**Woche 6**			
Trainingstag	Montag	Mittwoch	Freitag	Trainingstag	Montag	Mittwoch	Freitag
Trainingsziel	GA1	GA1	GA1	Trainingsziel	GA1	GA1	GA1
Trainingsmethode	Exten. DM	Exten. DM	Variable DM	Trainingsmethode	Variable DM	Exten. DM	Variable DM
Trainingsintensität	70-75% Hf_{max}	70-75% Hf_{max}	65-70% Hf_{max} (exten.) 75-80% Hf_{max} (intensiv)	Trainingsintensität	70-75% Hf_{max} (exten.) 80-85% Hf_{max}(inten.)	70-75% Hf_{max}	70-75% Hf_{max} (exten.) 80-85% Hf_{max} (inten.)
Trainingsherzfrequenz	135-144 S/min	135-144 S/min	125-135 S/min (exten.) 144-154 S/min	Trainingsherzfrequenz	120-129 S/min (exten.) 137-146 S/min (inten.)	135-144 S/min	134-144 S/min (exten.) 154-163 S/min (inten.)
Trainingsdauer	90 Minuten	60 Minuten	30 Minuten (5:5)	Trainingsdauer	50 Minuten (5:5)	90 Minuten	30 Minuten (2:3)
Trainingsgerät	Laufband (Jogging)	Crosstrainer	Laufband(J)	Trainingsgerät	Ruderergometer	Crosstrainer	Laufband (Jogging)

3.3 Begründung zum Mesozyklus

Der Trainingsschwerpunkt des Mesozyklus liegt auf dem Aufbau und der Stabilisierung der Grundlagenausdauer(GA1). Insgesamt soll die Testperson einen Einstieg in regelmäßiges und geplantes Ausdauertraining finden, da sie in den letzten 4 Jahren nur unregelmäßig und ohne Plan Sport betrieben hat, um somit auf lange Sicht seine Ziele zu erreichen. Der wöchentliche Belastungsumfang wurde anhand des Verfügungsrahmens des Probanden (siehe Tabelle 1) ausgewählt und orientiert sich an der von Zintl und Eisenhut (2001) vorgesehenen Belastungsdauer von 30-120 Minuten für die ext. DM, 20-60 Minuten für die int. DM und 30-90 Minuten für die variable Dauermethode. Von der ersten bist zur dritten Woche des Mesozyklus steigt der wöchentliche Belastungsumfang an, in der vierten Woche wurde die Trainingsdauer reduziert (Neumann, G., Pfützner, A., Berbalk, A., 201). Das gewählte Be- und Entlastungsverhältnis innerhalb des Mesozyklus (Tabelle 10) ist 3:1. Im oben dargestellten Mesozyklus werden 2 verschiedene Trainingsmethoden verwendet: die extensive Dauermethode (ext. DM) und die variable Dauermethode (variable DM). Die extensive Dauermethode ist für den Fitness- und Gesundheitssport und somit auch für die Testperson (vgl. Tabelle 1 & 1.3) gut geeignet, da sie sich durch einen hohen Trainingsumfang mit geringer Trainingsintensität an der aeroben Schwelle auszeichnet (Hottenrott, 1997, 2006; Neumann et al., 2007, S.131). Durch diese Trainingsmethode lässt sich eine gute Grundlagenausdauer entwickeln, welche zusätzlich zu einer Ökonomisierung der Herz-Kreislauf-Arbeit führt und eine Verbesserung der peripheren Durchblutung veranlasst. Desweiteren wirkt sie sich positiv auf den Blutdruck aus und kann zur dauerhaften Senkung der Blutdruckwerte führen (Ärztliche Allgemeine, 2005). Auf lange Sicht lässt sich so die Gesundheit der Testperson verbessern und somit auch die aufgestellten Ziele erreichen. Ein weiteres dieser Ziele ist „Abnehmen" (siehe Tabelle 8), auch hierfür ist die extensive Dauermethode nötig, denn nach Holloszy et al. (1998) ist es bekannt, dass sich der Anteil der Fettsäuren zur Energiebereitstellung mit zunehmender Belastungsdauer (die bei der extensiven Dauermethode gegeben ist) vergrößert. Somit ist die extensive DM Grundstein zur Zielerreichung der Testperson. Die im Mesozyklus ausgewählte variable Dauermethode unterstützt die Effekte der extensiven Dauermethode im Hinblick auf die Zielerreichung des Probanden. Durch das Training zwischen der aeroben und anaeroben Schwelle erreicht man auch durch die variable DM eine Verbesserung der Herz-Kreislauf-Arbeit und eine Verbesserung der Umstellung zwischen Energiebereitstellung durch Glykogen und Fettsäuren und der Energiebereitstellung, die nur durch Glykogen erfolgt. Die progressive Belastungssteigerung wurde nach dem Prinzip „Häufigkeit vor Umfang vor Intensität" vorgenommen, so kommt es bereits ab der zweiten Woche zu einer dritten Trainingseinheit bevor in Woche 3 der Umfang einer Trainingseinheit erhöht und ebenfalls die Intensität angepasst wird. Zum Aufbau und zur anschließenden Stabilisierung der Grundlagenausdauer der Testperson wurde das GA1-Training ausgewählt, welches eine noch nicht vorhandene Grundlagenausdauer im Fitness- und Gesundheitssport zunächst aufbauen soll (Hottenrott, 1997, 2006; Neumann et al., 2007, S.131). Als Ausdauergeräte wurden der Crosstrainer, das Laufband und das Rudererogmeter gewählt. Der Crosstrainer wurde gewählt, da er einen einfachen und oft als angenehm empfundenen Bewegungsablauf verlangt, den die Testperson aus dem Alltag vom gehen kennt. Zudem lässt sich die Belastung individuell dosieren, dabei ist die Blutdruckbelastung gering, was bei der Testperson wichtig ist (siehe Tabelle 1 & 1.3). Auf dem Laufband wurde als Bewegungsform „Jogging" gewählt um einen an die Ziele angepassten Trainingseffekt zu erzielen. Diese Bewegungsform bietet einen sehr hohen Kalorienverbrauch und cardiopulmonalen Effekt bei nur geringer Blutdruckbelastung, da der Proband keine orthopädischen Einschränkungen hat ist dieses Ausdauergerät/ Bewegungsform ohne Bedenken zu benutzen. Außerdem werden hierbei ca. 80% der gesamten Muskulatur beansprucht. Sowohl Crosstrainer als auch das Laufband eignen sich gut für diese Person, da sie somit aus der alltäglichen sitzenden Position im Berufsalltag herausgezogen wird. In Woche 5 wird zusätzlich noch das Rudergometer mit in den Trainingsplan aufgenommen um mehr Variabilität und Abwechslung ins Training einzubauen und die Motivation möglichst hoch zu halten. Außerdem profitiert die Testperson auch beim Training mit dem Rudergometer von einem hohen Kalorienverbrauch und cardiopulmonalen Effekt, da hierbei allerdings eine hohe Blutdruckbelastung vorliegt und die Bewegung im sitzen stattfindet wird dieses Gerät jeweils nur ein Mal in den letzten beiden Wochen des oben dargestellten Mesozyklus (Tabelle 10) verwendet.

4 Literaturrecherche

Tabelle 11: Vorstellung zweier Studien zum Thema „Effekte von Ausdauertraining bei Diabetes mellitus Typ 2" (eigene Darstellung)

Merkmal	Studie 1	Studie 2
Titel der Studie	„Exercise Therapy in Type 2 Diabetes Is daily exercise required to optimize glycemic control?"	„Effects of Aerobic and Resistance Training on Hemoglobin A1c Levels in Patients With Type 2 Diabetes A Randomized Controlled Trial"
Wer hat die Studie durchgeführt?	Jan-Willem van Dijk, Kyra Tummers, Coen D.A. Stehouwer, Fred Hartgens, Luc J.C. van Loon	Timothy S. Church, Steven N. Blair, Shannon Cocreham, Neil Johannsen, William Johnson, Kimberly Kramer, Catherine R. Mikus, Valerie Myers, Melissa Nauta, Ruben Q. Rodarte, Lauren Sparks, Angela Thompson, Conrad P. Earnest
In welchem Jahr wurde die Studie publiziert?	2012	2010
Welche Forschungsfrage wurde untersucht?	Wird der Bluzuckerwert im Blut durch tägliches Training positiv beeinflusst?	Wie wirkt sich Ausdauertraining allein, Krafttraining allein und beide Trainings in Kombination auf den Hämoglobin A1c bei Typ 2 Diabetikern aus?
Mit welchen Versuchspersonen wurde die Studie durchgeführt?	-30 Typ 2 Diabetiker (60 ± 1 Jahr, BMI 30,4 ± 0,7 kg/m^2, HbA1c 7,2 ± 0,2%)	-262 sesshafte Frauen und Männer (Typ-2 Diabetes, HbA1c 6,5% oder mehr) -63,0% Frauen -47,3% nicht weiße Teilnehmer -Durchschnittsalter: 55,8 -HbA1c Ausgangswert 7,7%
Wie sah der Versuchsaufbau der Studie aus?	-Crossover-Experiment - Versuchspersonen wurden 3 mal drei Tage lang unter-	-41 Teilnehmer bilden die Nicht-Kontrollgruppe -73 Teilnehmer führen 3 mal

Merkmal	Studie 1	Studie 2
	sucht, dabei war die Ernährung strikt standardisiert alle anderen Bedingungen waren frei -Probanden der Kontrollgruppe machten keine Übungen, die anderen fuhren entweder an jedem zweiten Tag 60 Minuten lang Rad (bei 50% der maximalen Auslastung) oder täglich 30 Minuten lang, währenddessen wurde die Blutzucker-Homöostase über 48 Stunden kontinuierlich ermittelt (sowohl Kontrollgruppe als auch Testgruppe)	in der Woche Krafttraining durch -72 Teilnehmer führen Ausdauertraining durch, sodass sie 12kcal/kg pro Woche verbrennen -76 Teilnehmer führen Kombination von Kraft- (zwei mal in der Woche) und Ausdauertraining (10 kcal/kg pro Woche) durch - Zur Kontrolle wurden biometrische Parameter (Taillenumfang und KFA), der HbA1c Wert und der maximale Sauerstoffverbrauch gemessen
Welche relevanten Ergebnisse und Schlussfolgerungen liefert die Studie ?	-Prävalenz von Hyperglykämie (BZ>10mmol/L) wurde von 7:40 ± 1:00 h:min am Tag auf 5:46 ± 0:58 und 5:51 ± 0,47 h:min am Tag reduziert → 24 ± 4 und 24 ± 3% der Zeit, wenn der Sport entweder täglich oder jeden zweiten Tag ausgeführt wurde Keine Unterschiede zwischen täglicher Übungsausführung und Ausführung an jedem 2. Tag -Eine Ausdauertrainingseinheit mit mäßiger Intensität reduziert die Prävalenz von Hyperglykämie eines Typ-2-Diabetikers am folgenden Tag enorm.	-Verglichen mit der Kontrollgruppe betrug die mittlere Veränderung von HbA1c in Kombinationsübungsgruppe -0,34%, beim Krafttraining -0,16% und beim Ausdauertraining -0,24% -nur die Kombinationsgruppe steigerte den maximalen Sauerstoffverbrauch um durchschnittlich 1,0 ml/kg pro Minute -alle Übungsgruppen konnten den Taillenumfang reduzieren Die größte Veränderung des HbA1c Wertes bei Typ-2-Diabetikern konnte durch die Kombination von Ausdauer- und Krafttraining erreicht werden.

5   Literaturverzeichnis

Ärzte Zeitung. (2005). *Sport für Hypertoniker – Ja, aber die Tücke liegt im Detail.*
Zugriff   am   21.01.2019.   Verfügbar   unter
https://www.aerztezeitung.de/medizin/krankheiten/herzkreislauf/bluthochdruck/
article/355926/sport-hypertoniker-ja-aber-tuecke-liegt-detail.html

Church, Timothy S. et al., *Effects of Aerobic and Resistence Training on Hemoglobin
A1c Levels in Patients With Type 2 Diabetes-A Randomized Controlled Tri
al,*JAMA(2010)

Gallagher, D., Heymsfield, S.B., Heo, M., Jebb, S. A., Murgatroyd, P. R. & Sakamoto,
(2000). *Healthy percentage body fat ranges: an approach for developing guideli
nes based on body mass index.* American Jurnal of Clinical Nutrition, 72 (3),
694- 701.

Holloszy, J. O., Kohrt, W. M. & Hansen, P. A. (1998). The regulation of carbohydrate
and fat metabolism during and after exercise. *Frontiers in Bioscience,* 3 (15),
1011–1027.

Hottenrott, K. (1997). *Ausdauertraining. Intelligent effektiv erfolgreich* (4. Aufl.).   Lü
neburg: Wehdemeier & Pusch.

Hottenrott, K. (2006). *Trainingskontrolle mit Herzfrequenz-Messgeräten.* Aachen:
Meyer & Meyer.

Institut für Prävention und Nachsorge Köln (2004). *IPN-Test®- Ausdauertest für den
Fitness- und Gesundheitssport.* Köln: IPN.

Ketelhut, R., *Körperliche Aktivität zur Behandlung des arteriellen Hochdrucks,* Deut-
sches Ärzteblatt 101: A-3426-3432, Heft 50, 2004

Mancia, G., Fagard, R., Narkiewicz, K., Redon, J., Zanchetti A., Bohm, M., et al.
(2013). *2013 ESH/ESC Guidelines fot the management of arterial hypertension:
The Task Force for the management of artetial hypertension oft he European
Society of Hypertension (ESH) and oft he European Society of Cardiology.* Eu
ropean Heart Jurnal, 34 (28), 2159-2219

Neumann, G., Pfützner, A. & Berbalk, A. (2007). *Optimiertes Ausdauertraining* (5.
Überarb. Aufl.). Aachen: Meyer & Meyer

Neumann, G., Pfützner, A., Barbalk, A. (2013). *Optimiertes Ausdauertraining.* Aachen:
Meyer & Meyer.

Trunz, E. (2001). *IPN-Test® - Ausdauertest für den Fitness- und Gesundheitssport.*
Köln, Institut für Prävention und Nachsorge. Köln

Van Dijk, Jan-Willem et al. (2012). *Exercise Therapy in Type 2 Diabetes-Is daily exercise required to optimize glycemic control?*. Diabetes Care 35(5): 948-954.

Weineck, J. (2003). *Ausdauertraining. Trainingssteuerung über die Herzfrequenz- und Milchsäurebestimmung.* Balingen: Spitta.

Zintl, F. & Eisenhut, A. (2001). *Ausdauertraining. Grundlagen Methoden Trainingssteuerung* (5. überarb. Aufl.). München: BLV

6 Tabellenverzeichnis